Franz Liszt, Franz Liszt

Christus - Oratorium nach Texten aus der heiligen Schrift und der

katholischen Liturgie,

für Soli, Chor, Orgel und grosses Orchester. Klavierauszug mit lateinischen und deutschem

Text

Franz Liszt, Franz Liszt

Christus - Oratorium nach Texten aus der heiligen Schrift und der katholischen Liturgie,
für Soli, Chor, Orgel und grosses Orchester. Klavierauszug mit lateinischen und deutschem Text

ISBN/EAN: 9783743445871

Hergestellt in Europa, USA, Kanada, Australien, Japan

Cover: Foto ©ninafisch / pixelio.de

Manufactured and distributed by brebook publishing software (www.brebook.com)

Franz Liszt, Franz Liszt

Christus - Oratorium nach Texten aus der heiligen Schrift und der

katholischen Liturgie,

Christus

Oratorium

nach Texten aus der heiligen Schrift und der katholischen Liturgie,

für

Soli, Chor, Orgel und grosses Orchester

componirt von

Franz Liszt.

Clavierauszug

mit lateinischen und deutschem Text.

Preis 24 Mark.

Eigenthum der Verleger.

LEIPZIG
Felixstrasse 2   J. SCHUBERTH & Cọ̈   NEW-YORK
820 Broadway

Partitur. Pr: 60 Mrk. netto. Orch. Stimmen Pr: 75 Mark.
Chor Stimmen Pr: 15 Mark.

Lith. Anst. v. C. G. Röder, Leipzig.

Veritatem autem facientes in caritate, crescamus in illo per omnia, qui est caput Christus.

Paulus, ad Ephesios 4, 15.

Wahrheit in Liebe wirkend, lasset uns in Allem wachsen an Dem der das Haupt ist, Christus.

Paulus, an die Epheser 4, 15.

Inhalt des Oratorium.

Erster Theil.
Weihnachtsoratorium.

Zweiter Theil.
Nach Epiphania.

Dritter Theil.
Passion und Auferstehung.

Text

zu dem

Oratorium „Christus" von Franz Liszt.

Erster Theil.

Weihnachts-Oratorium.

No. 1. Einleitung.

„Rorate caeli desuper, et nubes pluant iustum; aperiatur terra et germinet Salvatorem."

(Jes. XLV. 8.)

„Thauet ihr Himmel von oben, die Wolken mögen regnen den Gerechten; die Erde thu' sich auf, und sprosse den Heiland."

(Uebersetzung von J. Fr. Allioli.)

No. 2. Pastorale (Instrumentale). Verkündigung des Engels.

Angelus Domini ad pastores ait: Nolite timere! annuntio vobis gaudium magnum, quia natus est vobis hodie Salvator mundi, alleluja. Facta est cum Angelo multitudo caelestis exercitus, laudantium Deum et dicentium: gloria in exelsis Deo et in terra pax hominibus bonae voluntatis."

(Luc. II, 10—14.)

Der Engel des Herrn sprach zu den Hirten: „Fürchtet euch nicht, denn siehe, ich verkündige euch eine grosse Freude, die allem Volk widerfahren wird: denn heute ist euch der Heiland der Welt geboren worden. Und sogleich war bei dem Engel eine Menge himmlischer Heerschaaren, welche Gott lobten und sprachen: „Ehre sei Gott in der Höh', und Friede den Menschen auf Erden, die eines guten Willens sind."

(Allioli.)

No. 3. Stabat mater speciosa (Canto).

Stabat mater speciosa
Juxta foenum gaudiosa,
Dum iacebat parvulus;

Cujus animam gaudentem
Laetabundam et ferventem
Pertransivit jubilus.

O quam laeta et beata
Fuit illa Immaculata
Mater Unigeniti!

Quae gaudebat et ridebat,
Exultabat, cum videbat
Nati partum inclyti.

Stand die Mutter da, die hohe,
Die ob ihres Kindleins frohe,
Das in armer Krippe lag,

Deren Seele, voll Entzücken,
Strahlt' aus ihren Freudenblicken
Jubelt' in des Herzens Schlag.

Welche sel'ge, wonneweckte
Mutter war die Unbefleckte
Ob des Eingeborenen!

Jauchzend sicht vor ihren Augen,
Die nicht satt an ihm sich saugen,
Sie den Auserkorenen.

Quis est is, qui non gauderet,
Christi matrem si videret
In tanto solatio?

Quis non posset collaetari,
Christi matrem contemplari
Ludentem cum Filio?

Pro peccatis suae gentis
Christum vidit cum jumentis
Et algori subditum.

Vidit suum dulcem natum
Vagientem, adoratum
Vili diversorio.

Nato Christo in praesepe,
Caeli cives canunt laete
Cum immenso gaudio.

Stabat Senex cum Puêla,
Non cum verbo nec loquela,
Stupescentes cordibus.

Eja Mater, fons amoris,
Me sentire vim ardoris
Fac ut tecum sentiam!

Fac, ut ardeat cor meum
In amando Christum Deum,
Ut sibi complaceam.

Sancta Mater, istud agas
Prone nostro ducas plagas
Cordi fixas valide;

Tui Nati caelo lapsi
Tam dignati foeno nasci
Poenas mecum divide.

Fac me vere congaudere,
Jesulino cohaerere,
Donec ego vixero.

In me sistat ardor tui:
Puerino fac me frui,
Dum sum in exilio.

Hunc ardorem fac communem
Ne facias me immunem
Ab hoc desiderio.

Wer nicht sollte mitempfinden
Lust, so ihre Augen künden,
Die hier Christi Mutter fühlt?

Wen nicht labte Himmelsthauen,
Darf er Christi Mutter schauen,
Wie sie mit dem Kindlein
spielt?

Wegen seines Volkes Schulden
Sieht sie, bei den Thieren, dulden
Ihn der Kälte Ungemach;

Weinen sieht den süssen, lieben
Sohn sie, doch Anbetung üben
Hirten unter schlechtem Dach.

Als geboren Christ im Stalle,
Singen Engelein mit Schalle
Hosianna in der Höh';

Joseph und Maria, schweigend,
Stehn mit Staunen sich ver-
neigend
In des Wunders heiliger Näh'.

Mutter, Du, der Liebe Quelle,
Fach in mir die Gluten helle,
Gieb mir Deiner Lieb' ein Theil;

Lass mein Herz für Christ ent-
brennen,
Meine Lieb' ihm heiss bekennen:
Ihm gefallen sei mein Heil!

Heil'ge Mutter, lass den Deinen
Tief empfinden jene Peinen,
Präge sie in dieses Herz;

Er, vom Himmel Dir erkoren,
Auf geringer Streu geboren,
Theile mit mir seinen Schmerz.

Schaff, dass ich mit Liebesfreude
Auch am theuren Sohn mich
weide,
Bis erlischt mein Lebenslicht.

Deine Inbrunst zu dem süssen
Kinde lass mich mit geniessen,
Weil mich hier der Bann um-
flicht.

Solche Liebe, fleh' ich, theile
Allen mit zu ihrem Heile:
Dies auch mir versage nicht!

Virgo virginum praeclara,
Mihi jam non sis amara:
Fac me Parvum rapere;

Pulchrum Fantem fac ut portem,
Qui nascendo vicit mortem,
Volens vitam tradere.

Fac me tecum satiari,
Nato tuo inebriari,
Stans inter tripudia;

Inflammatus et accensus,
Obstupescit omnis sensus
Tali de commercio.

Fac me Nato custodiri,
Verbo Dei praemuniri,
Conservari gratia.

Quando corpus morietur,
Fac ut animae donetur
Tui Nati visio.

Jungfrau, heilig allerwegen,
Sei nicht meiner Bitt' entgegen:
Reiche mir den Kleinen dar,

Ihn in meinem Arm zu wiegen,
Der, den Tod uns zu besiegen,
Willig ging des Lebens baar.

Lass mich satt dem Anblick
lauschen,
Mich an Deinem Sohn be-
rauschen
In dem Kreis der Engelreih'n;

Hochentflammt von solcher Minne,
Sind voll Staunens alle Sinne
Ob solch himmlischem Verein.

Gieb, dass mich Dein Sohn bewache,
Gottes Wort zum Schild mir
mache,
Seine Gnade mir verleih';

Und, zerbricht des Leibes Höhle,
Dass im Anschaun meine Seele
Deines Sohnes selig sei!

(Uebers. v. K. Eitner.)

No. 4. Hirtenspiel an der Krippe (Pastorale).

No. 5. Die heiligen drei Könige (Marsch).

„Et ecce stella, quam viderant in Oriente, antecedebat eos."

(Matth. II, 9.)

„Apertis thesauris suis, obtulerunt Magi Domino aurum, thus et myrrham."

(Ibid. 11.)

„Und siehe, der Stern, den sie im Morgenlande gesehen hatten, ging vor ihnen her.

„Sie thaten auch ihre Schätze auf, und brachten Geschenke: Gold, Weihrauch und Myrrhen."

(Allioli.)

Zweiter Theil.

Nach Epiphania.

No. 6. Die Seligpreisungen.

„Beati pauperes spiritu, quoniam ipsorum est regnum caelorum."

„Beati mites, quoniam ipsi possidebunt terram."

„Selig sind die Armen im Geiste, denn ihnen ist das Himmelreich.

„Selig sind die Sanftmüthigen, denn sie werden das Erdreich besitzen."

„Beati qui lugent, quoniam ipsi consolabuntur."

„Selig sind die Trauernden, denn sie werden getröstet werden.',

„Beati qui esuriunt et sitiunt justitiam, quoniam ipsi saturabuntur."

„Selig sind, die Hunger und Durst haben nach der Gerechtigkeit, denn sie werden gesättigt werden."

„Beati misericordes, quoniam ipsi misericordiam consequentur."

„Selig sind die Barmherzigen, denn sie werden Barmherzigkeit erlangen."

„Beati mundo corde, quoniam ipsi Deum videbunt."

„Selig sind, die ein reines Herz haben, denn sie werden Gott anschauen."

„Beati pacifici, quoniam filii Dei vocabuntur."

„Selig sind die Friedsamen, denn sie werden Gottes Kinder genannt werden."

„Beati qui persecutionem patiuntur propter justitiam, quoniam ipsorum est regnum caelorum."

(Matth. V, 3 — 10.)

„Selig sind, die Verfolgung leiden um der Gerechtigkeit willen, denn ihnen ist das Himmelreich."

(Allioli.)

No: 7. Pater noster. Das Gebet des Herrn.

„Pater noster, qui es in caelis, sanctificetur nomen tuum; adveniat regnum tuum; fiat voluntas tua sicut in coelo et in terra. Panem nostrum quotidianum da nobis hodie; et dimitte nobis debita nostra, sicut et nos dimittimus debitoribus nostris; et ne nos inducas in tentationem; ed libera nos a malo. Amen!" —

(Matth. VI, 9 ff.)

„Vater unser, der du bist in den Himmeln, geheiligt werde dein Name; zu uns komme dein Reich; dein Wille geschehe wie im Himmel, so auch auf Erden. Unser täglich Brod gib uns heute; und vergib uns unsere Schulden, wie auch wir vergeben unseren Schuldigern; und führe uns nicht in Versuchung, sondern erlöse uns von dem Uebel. Amen." —

(Allioli.)

No. 8. Die Gründung der Kirche.

„Tu es Petrus et super hanc petram aedificabo Ecclesiam meam, et portae inferi non pravalebunt."

(Matth. XVI. 18).

„Du bist Petrus, und auf diesen Felsen will ich meine Kirche bauen, und die Pforten der Hölle werden sie nicht überwältigen."

„Simon Joannis deliges me?
Pasce agnos meos.
Pasce oves meos."

(Joh. XXI, 15 ff.)

„Simon Johanna hast du mich lieb?
Weide meine Lämmer!
Weide meine Schafe!"

No. 9. Das Wunder.

„Et ecce motus magnus factus est in mari, ita ut navicula operiretur fluctibus; ipse vero dormiebat. Et accesserunt ad eum discipuli ejus, et suscitaverunt eum dicentes: Domine, salva nos, perimus. Et dicit eis Jesus: Quid timidi estis modicae fidei? Tunc surgens, imperavit ventis et mari, et facta est tranquillitas magna."

(Matth. VIII, 23—26.)

„Und siehe, es erhob sich ein Sturm im Meere, so dass das Schifflein mit Wellen bedeckt wurde; er aber schlief. Und seine Jünger traten zu ihm, weckten ihn auf, und sprachen: Herr, hilf uns, wir gehen zu Grunde! Und Jesus sprach zu ihnen: Was seid ihr so furchtsam, ihr Kleingläubigen? Dann stand er auf, gebot den Winden und dem Meere, und es ward eine grosse Stille."

(Allioli.)

No. 10. Der Einzug in Jerusalem.

„Hosanna, benedictus qui venit in nomine Domini, rex Israel."

„Benedictus qui venit Rex in nomine Domini, pax in caelo et gloria in excelsis."

„Hosanna Filio David, benedictus qui venit in nomine Domini."

„Benedictum quod venit Regnum patris nostri David; hosanna in altissimis

(Matth. XXI, 9 ff.)

(Mastai, Evangelisti Uniti et Commentati. Vol. II. lib. XIV. § III).

„Hosianna, gesegnet sei, der da kommt im Herrn, ein König Israels.

Gesegnet sei, der da kommt ein König im Namen des Herrn: Friede im Himmel und Ehre in der Höhe.

Hosianna dem Sohne Davids; gesegnet sei, der da kommt im Namen des Herrn.

Gesegnet sei, welches da kommt als das Reich unsers Vaters David; Hosianna in der Höhe!"

(Allioli.)

Dritter Theil.

Passion und Auferstehung.

No. 11.

„Tristis est anima mea usque ad mortem; pater si possibile est, transeat a me calix iste, sed non quod ego volo, sed quod tu.

(Marc. XIV, 34—36.)

„Meine Seele ist betrübt bis in den Tod. Mein Vater, wenn es möglich ist, so gehe dieser Kelch vor mir vorüber; doch nicht wie ich will, sondern wie du willst."

No. 12. Stabat mater dolorosa (Canto).

Stabat mater dolorosa
Juxta crucem lacrimosa,
Dum pendebat Filius;

Cujus animam gementem
Contristatam et dolentem
Pertransivit gladius.

O quam tristis et afflicta
Fuit illa benedicta
Mater Unigeniti!

Quae moerebat et dolebat
Pia mater, dum videbat
Nati poenas inclyti.

Quis est homo qui non fleret,
Christi matrem si videret
In tanto supplicio?

Quis non posset contristari
Piam matrem contemplari
Dolentem cum filio?

Pro peccatis suae gentis
Vidit Jesum in tormentis,
Et flagellis subditum;

Vidit suum dulcem Natum
Moriendo desolatum,
Dum emisit spiritum.

Eja, Mater, fons amoris
Me sentire vim doloris
Fac, ut tecum lugeam;

Fac ut ardeat cor meum
In amando Christum Deum,
Ut sibi complaceam.

Sancta Mater, istud agas,
Crucifixi fige plagas
Cordi meo valide;

Tui nati vulnerati,
Tam dignati pro me pati,
Poenas mecum divide.

Fac me vere tecum flere,
Crucifixo condolere,
Donec ego vixero;

Juxta crucem tecum stare,
Te libenter sociare
In planctu desidero.

Stand die Mutter voller Schmerzen,
Weinend aus zerrissnem Herzen,
Wo ihr Sohn am Kreuze hing;

Da, erfüllt von banger Trauer,
Bebend in der Aengste Schauer,
Durch die Seel' ein Schwert
ihr ging.

Welch betrübte, schmerzgeweihte
Mutter war die Benedei'te
Durch den Eingeborenen,

Die von Seufzern schwer Bedrückte,
Als die Leiden sie erblickte
Ihres Auserkorenen!

Wer nicht fühltè tiefes Wehe,
Wenn er Christi Mutter sähe
In so grosser Seelennoth?

Wessen Herz nicht sollt' erweichen
Sie, die Mutter ohnegleichen,
Bei des Sohnes Martertod?

Ach, für seines Volkes Schulden
Sieht sie Qualen ihn erdulden,
Ihn, den nicht die Geissel mied;

Muss den süssen Sohn vergehen,
Sonder Trost ihn sterben sehen,
Während ihm der Geist entflieht.

Lass, o Mutter, Quell der Liebe,
Fühlen mich des Mitleids Triebe,
Mich mit Dir der Trauer weih'n;

Lass mein Herz für Christ ent-
brennen,
Liebend ihn als Gott erkennen,
Wohlgefällig ihm zu sein.

Präg', o Heil'ge, jene Wunden,
Die Dein Sohn am Kreuz ge-
funden,
Unvertilgbar in mein Herz;

Theil', aus Deines Sohnes Hulden,
Auserwählt, für mich zu dulden,
Mit mir seiner Peinen Schmerz.

Lass mich innig mit Dir klagen,
Treu vereint den Jammer tragen,
Bis auch meine Stunde schlägt;

Dir gesellt am Kreuz zu weilen,
Willig Deinen Gram zu theilen:
Solches fleh' ich tiefbewegt.

Virgo virginum praeclara,
　Mihi jam non bis amara:
　Fac me tecum plangere.

Fac ut portem Christi mortem,
　Passionis fac consortem
　Et plagas recolere.

Fac me plagis vulnerari,
　Cruce hac inebriari —
　Ob amorem Filii;

Inflammatus et accensus,
　Per te, Virgo, sim defensus
　In die judicii.

Fac me cruce custodiri,
　Morte Christi praemuniri,
　Confoveri gratia;

Quando corpus morietur
　Fac, ut animae donetur
　Paradisi gloria.　Amen.

Heiligste der Jungfrau'n, wehre
　Mir die Bitte nicht, die schwere:
　Deine Klage sei auch mein;

Lass mich fühlen Christi Scheiden,
　Mich Genoss sein seiner Leiden
　Seine Maal' an mir erneu'n.

Lass mich seine Wunden tauschen,
　Mich an diesem Kreuz be-
　　　　rauschen:
　Also lieb' ich deinen Sohn.

Dieser Liebe halb behüte
　Vor Verdammniss Deine Güte
　Mich, schallt des Gerichtes Ton.

Gieb, dass mich das Kreuz be-
　　　　schütze,
　Christi Tod mir dien' als Stütze,
　Dass er Gnade mir verleiht;

Wenn mir dann der Tod genahet,
　Gieb, dass meine Seel' umfahet
　Paradieses-Herrlichkeit!
　　　　　　　　(K. Eitner.)

No. 13. O Filii et Filiae (Osterhymne).

O filii et filiae!
　Rex coelestis, rex gloriae,
　Morte surrexit hodie.
　　　Alleluia!

Et Maria Magdalene,
　Et Jacobi et Salome,
　Venerunt corpus ungere.
　　　Alleluia!

Et mane prima Sabbati
　Ad ostium monumenti
　Accesserunt discipuli.
　　　Alleluia!

Sed Joannes Apostolus
　Cucurrit Petro citius,
　Ad sepulcrum venit prius.
　　　Alleluia!

In albis sedens Angelus
　Respondit mulieribus,
　Quia surrexit Dominus.
　　　Alleluia!

Seid Menschenkinder hocherfreut
　Der Herr der ew'gen Herrlich-
　　　keit
　Ist von dem Tod erstanden heut.
　　　Alleluja!

Die Frauen kamen bald herbei,
　Maria und die andern zwei,
　Zu salben ihn mit Specerei.
　　　Alleluja.

Die Jünger auch am frühen Tag
　Sah'n bei der Stätte suchend
　　　nach,
　Wo Jesus Christ begraben lag.
　　　Alleluja.

Der Liebesjünger Sanct Johann,
　Er eilte Petro flugs voran,
　Kam früher bei dem Grabe an.
　　　Alleluja.

Ein Engel dort in Lichtgewand
　Den frommen Frauen macht
　　　bekannt,
　Dass Jesus Christus auferstand.
　　　Alleluja.

Discipulis astantibus
In medio stetit Christus,
Dicens: Pax vobis omnibus.
Alleluia!

Der Jünger Schaar stand in dem
Saal,
Der Herr auch unter ihrer Zahl,
Sprach: Friede sei Euch allzu-
mal.
Alleluja.

Postquam audivit Didymus,
Quia surrexerat Jesus,
Remansit fere dubius.
Alleluia!

Doch Thomas war jetzt nicht
dabei;
Der wagte nun zu läugnen frei,
Dass Christus auferstanden sei.
Alleluja.

Vide, Thoma, vide latus,
Vide pedes, vide manus,
Noli esse incredulus.
Alleluia!

Sieh Thomas! sieh die Seite hier,
Beschau so Händ als Füsse dir,
Nicht sei ungläubig mehr hinfür.
Alleluja.

Quando Thomas Christi latus,
Pedes vidit atque manus,
Dixit: Tu es Deus meus.
Alleluia!

Als Thomas Christi Seite sah,
Was ihm an Hand und Fuss
geschah:
„Du bist's, mein Herr!" so
sprach er da.
Alleluja.

Beati qui non viderunt,
Et firmiter crediderunt.
Vitam aeternam habebunt.
Alleluia!

Glückselig sind, die nicht geseh'n
Und dennoch fest im Glauben
steh'n;
Sie werden ein zum Himmel
gehn.
Alleluja.

In hoc festo sanctissimo
Sit laus et jubilatio.
Benedicamus Domino!
Alleluia!

An diesem Tage heilger Pracht
Sei Preisesjubel dargebracht
Der allerhöchsten Gottesmacht.
Alleluja.

Ex quibus nos humillimas
Devotas atque debitas
Deo dicamus gratias.
Alleluia!

Drum wir, von Tod und Höll'
befreit,
In tiefdemüthiger Schuldigkeit,
Dem Herrn Dank jubeln allezeit!
Alleluja!

No. 14. Resurrexit.

„Resurrexit tertia die:
Christus vincit;
Christus regnat;
Christus imperat
In sempiterna saecula.   Amen!

Am dritten Tage auferstanden —
Siegt Christus,
Herrscht Christus,
Gebietet Christus
In alle Ewigkeit.   Amen!

Gedruckt bei E. Polz in Leipzig.

Christus.

ORATORIUM.

Erster Theil.

Comp. von Fr. Liszt

I. Andante sostenuto.

Piano.

sempre legato e piano

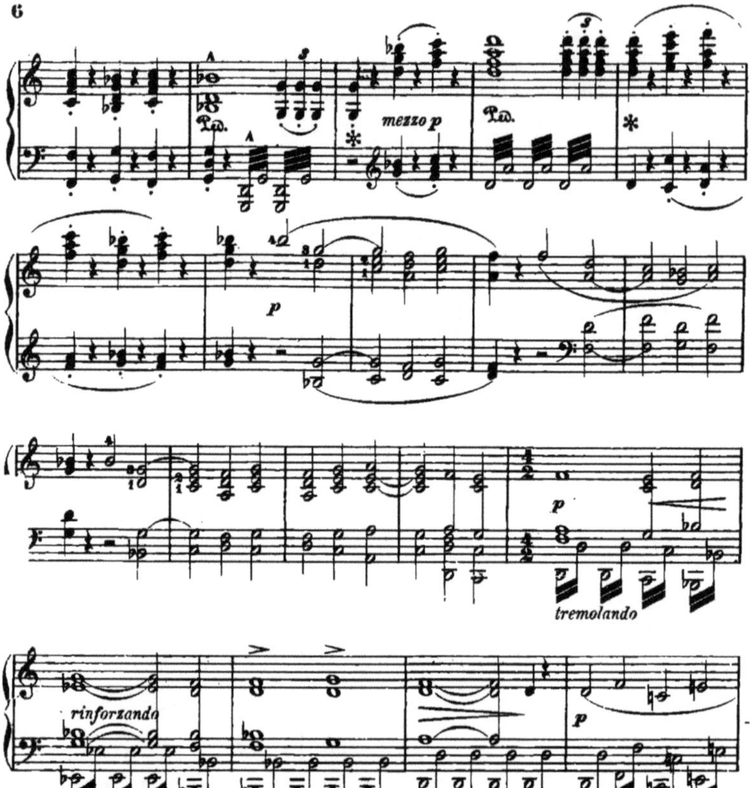
mezzo p
p
tremolando
rinforzando
dim. p
tremolando
diminuendo
più diminuendo
4933

II. Allegretto moderato, pastorale.

4933

allegramente

dimin.

più diminuendo - - ppp ritenuto

4933

L'istesso Tempo.

allegramente

Orchester tacet.

II. Non lento.

SOPRAN SOLO.

An - ge - lus ad Pastores a - - it: An - nun - ti - o vo - bis
Fürchtet Euch nicht, sprach der Engel zu den Hir - ten: Ich ver - kün - de Euch

gau - di - um ma - gnum qui - a na - tus est vo - bis ho - di - e
gro - sse Freu - de, die Euch wi - der - fah - ren wird, denn heu - te

2 erste Soprane.

Salva - - tor mun - di. Al - le - lu - ja
ist Euch der Hei - land ge - bor'n.

Clarinette.

4 Soprane.

Al - le - - lu - ja

Chor.

Al - le - lu - ja, Al - - le - lu - ja,

2 erste Alte. 4 Alte. Al - - le - lu - ja

Al - le - lu - ja, Al - le - - lu - ja,

SOPRAN SOLO.

Al - le - lu - ja. Fa - cta
Und al - so -

Flöten.

Hoboen. Clarinetten. tacet

1933

est cum An-ge-lo mul-ti-tu-do cœ-le-stis e-xer-ci-tus
gleich war bei dem En-gel die Men-ge himm-li-scher Heer-schaa-ren,

Sopran Solo tacet.

R Alla Breve.

Chor. Lau-dan-ti-um De-um et di-cen-ti-um.
die lob-ten Gott und spra-chen.

Lau-dan-ti-um et di-cen-ti-um.
die lob-ten Gott und spra-chen.

SOPRAN.

Glo-ri-a in ex-cel-sis De-o
Lob und Preis in der Höh' dem Höch-sten,

ALT.

sf (Holzbläser.)

et in ter-ra pax ho-mi-ni-bus
und auf Er-den Frie-de den Sterb-li-chen,

4033

T Moderato. (in 4 Viertel, nicht alla Breve taktiren.)

SOPRAN.

p

Chor.

ALT.

Et in
Und auf

p

TENOR SOLO. *espressivo*

Glo — — ri — a in ex cel —

BÄSSE. Lob — und Preis in der Hö —

Et in
Und auf

Moderato. (in 4 Viertel, nicht alla Breve taktiren.)

tranquillo con grazia

p

ter — ra pax ho — mi — ni — bus

Er — den, 'Fried' den Sterb — li — chen,

p

sis pax

he, Frie

ter — ra pax ho — mi — ni — bus

Er — den, 'Fried' den Sterb — li — chen.

sempre legato

4933

U Animando.

Chor.

Un poco più mosso.
(sempre alla breve)

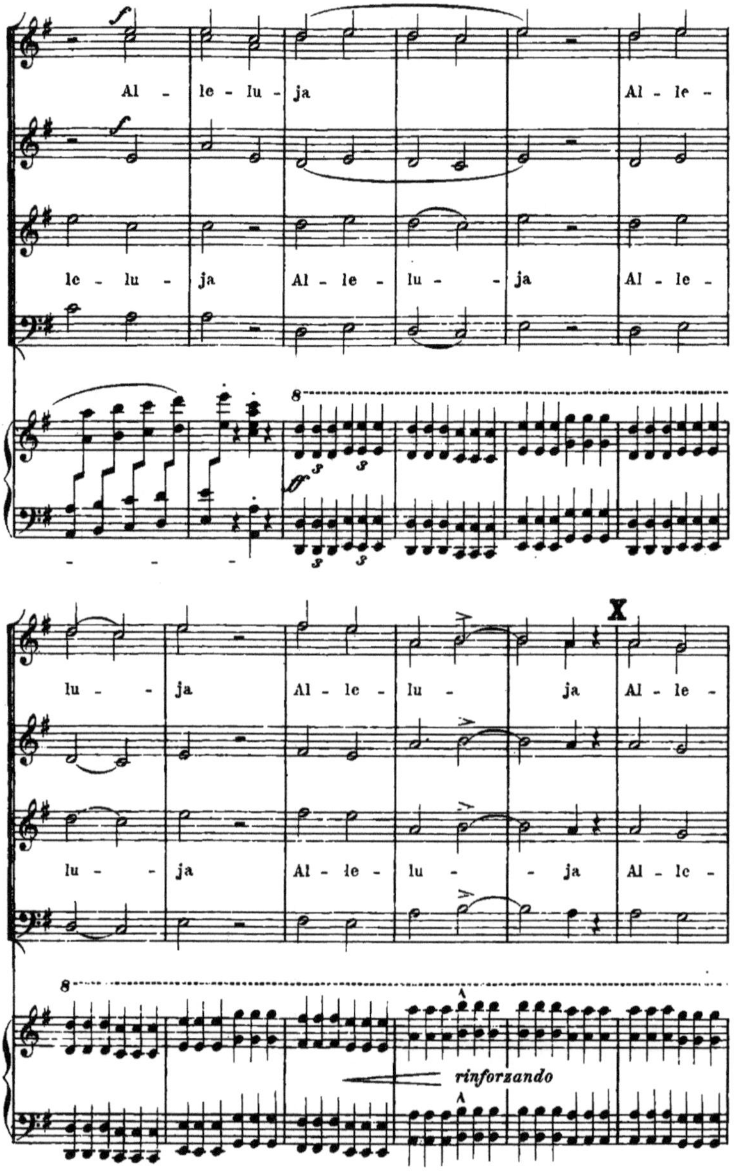
Al - le - lu - ja Al - le -
le - lu - ja Al - le - lu - ja Al - le -
8
lu - ja Al - le - lu - ja Al - le -
X
lu - ja Al - le - lu - ja Al - le -
8
rinforzando

4933

Orchester tacet.

Zu un poco più Moderato.

Stabat Mater speciosa.

(Hymne.)

III. Lento sostenuto, misterioso.

Sopran I u. II.

Sta-bat ma-ter spe-ci - o - sa jux-ta fœ-num
Stand die Mut - ter da die ho - he, die ob ih - res

Alt.

Tenor I u. II.

Bass I u. II.

gau-di - o - sa, dum ja - ce - bat Par-vu - lus. Cu-jus a - ni-
Kindleins fro - he, das in ar - mer Krip-pe lag. De - ren See - le

mam gau-den - tem læ-ta - bun-dam et fer - ven-tem, per-tran-si-vit
voll Ent-zü - cken strahlt aus ih - ren Freuden - bli-cken, ju - belt in des

B

ju - bi - lus.
Herzens Schlag.

O quam laeta et be - a - ta fu - it il - la imma - cu - la - ta
Welche sel' - ge, wonne weck - te Mut - ter war die Un - be - fleckte,

Orgel.

pp

Pedal.

diminuendo

C Un poco meno lento.

gau - de - bat, et vi - ren

Ma - ter U - ni - ge - ni - ti
ob des Ein - ge - bo - re - nen.

Quae gau - de - bat, et vi - ren
Jauch - zend sieht vor ih - ren

diminuendo

1. Tenöre tacent

2. Tenöre Soli

diminuendo

Un poco meno lento.

4933

Christi matrem si vi-de - ret in tan - to so-la-ti - o
Lust, so ih - re Au - gen kün - den, die hier Christi Mut - ter fühlt, *f espressivo*

in tan - to so-
die Chri - sti

pp

la - ti - o
Mut - ter fühlt.

F *pp*

Quis non pos-set eola e - ta - ri Christi matrem contempla -
Wen nicht lab - te Himmels thau - en, darf er Chri - sti Mut - ter schau

pp

pp

I **Più Lento chel Tempo I.**
e misterioso assai.

L Tempo I. (ma senza slentare.)

44

Un poco meno Lento.

Poco a poco animato il Tempo (ma non troppo)

Q

re - re do - nec e - go vi - xe - ro In me sis - tat ar - dor tu - i Pue -
wei - de, bis er - lischt mein Le - bens - licht. Dei - ne In brunst zu dem sü - ssen Kin - de

R cre - - - -

ri - no fac me fru - i dum sum in e - xi - li - o. Hunc ar - do - rem fac com -
lass mich mit ge - nie - ssen, weil mich hier der Bann um - flicht. Sol - che Lie - be fleh ich,

dim.

4933

4933

Inflam-matus et ac-cen-sus
Hoch entflammt von solcher Min-ne,

Inflam-matus et ac-cen-sus
hoch entflammt von solcher Min-ne

Ob-tu-pescit omni
sind voll Staunen alle

Più Lento che'l Tempo primo-sostenuto assai

sensus
Sinne,

ta-le de comerci-o
ob solch himmlischem Verein!

Facme Nato cu-sto-di-re
Gieb, dass mich dein Sohn bewache,

Ver-bo De-i pracmu-nire
Gottes Wort zum Schild mir mache,

4933

cor-pus mo-ri - e - tur | Fac ut | a - ni-mae do - ne - tur | tu - i | Na-ti
brichi des Lei_bes Höh_le, | dass im | An_schaun meine See _ le | deines | Sohnes

Ancora più Lento.

vi - si - o sei. | A - - - men, | a - men!
se - lig sei.

Ancora più Lento.

4933

Hirtengesang an der Krippe.

IV. Allegretto pastorale.

54

4933

4933

Religioso.

4933

1933

Die heiligen drei Könige.

Marsch.

4933

„Et ecce stella quam viderant in Oriente antecebat eos."

„Apertis thesauris suis obtulerunt Magi Domino aurum, thus et myrrhum."

Adagio sostenuto ed espressivo assai.

4933

poco a poco stringendo il tempo al più allegro

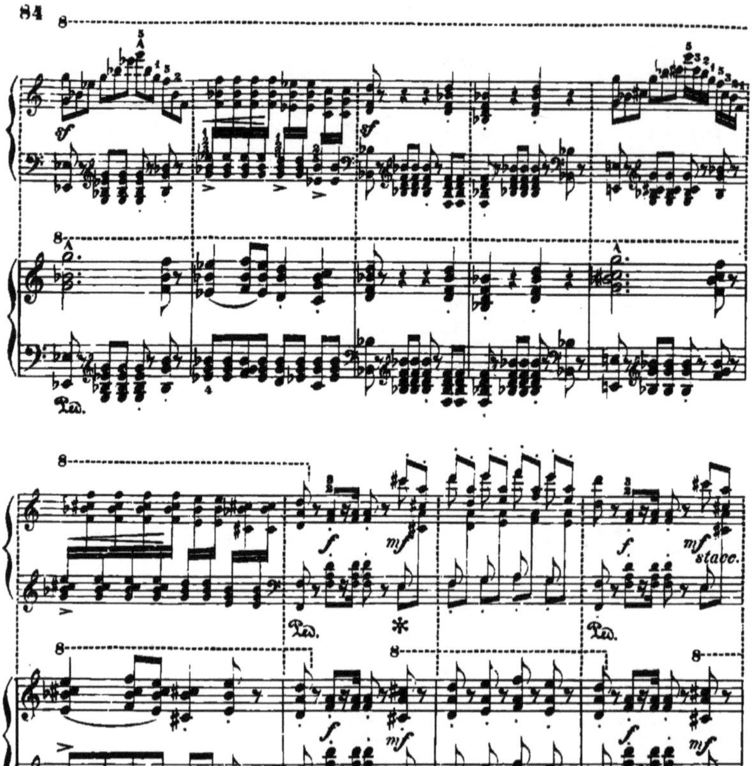
sf
sf
f
mf
f
mf
stacc.
Ped.
f
mf
f
mf

Christus.

ZWEITER THEIL.

Die Seligkeiten.

VI. Andante.

Orgel.

p

sempre p

Più Lento.

un poco rall.

p

dolce

Baryton Solo.

dolce

Be - a - ti paupe - res spi - ri - tu, quoni - am ip - sorum est

O se - lig sind die Ar - men an Geist, denn das Him - mel - reich ist

dimin. e rit.

4933

poco rit.

A

regnum coe_lo _ _ rum.
ih_re Be_loh _ _ nung.

SOPRAN I. II.

Be _ a _ ti paupe_res spi_ri_tu, quo_ni _ am ip
O _ se _ lig sind die Ar_men an Geist, denn das Him_mel

ALT.

CHOR. TENOR.

BASS.

(lange Pause)

Be _ a _ ti mi _ tes, quo_ni _ am ip_si
O _ se_lig die Sanf _ ten, denn sie werden be_

sorum est regnum coe_lo _ rum.
reich ist ih_re Be_loh _ _ nung.

B

pos_si _ de_bunt ter _ ram.
sit _ zen das Erd _ reich.

Be _ a _ ti mi _ tes, quo_ni _ am ip_si
O _ se_lig die Sanf _ ten, denn sie werden be_

p dol.

4933

(lange Pause) *espressivo*

Be - a - ti qui lu - gent, quo-ni - am ip-si
O se-lig,die trau - ern, denn sie wer-den ge-

pos-si - de-bunt ter - ram.
sit - zen das Erd - reich.

poco rall.

con-sola - buntur!
trö - stet werden.

dol. **C**

dolciss.

Be - a - ti qui lu - gent, quo-ni - am ip-si consola - buntur
O se-lig die trau - ern, denn sie werdenge - trö - stet werden

dolciss.

Orgel.

4933

Oberw: Bord. 6' u. 8'.
Gemsh. 8'.
Octave 4'.
Gamba 8'.
Octave 8'.

4932

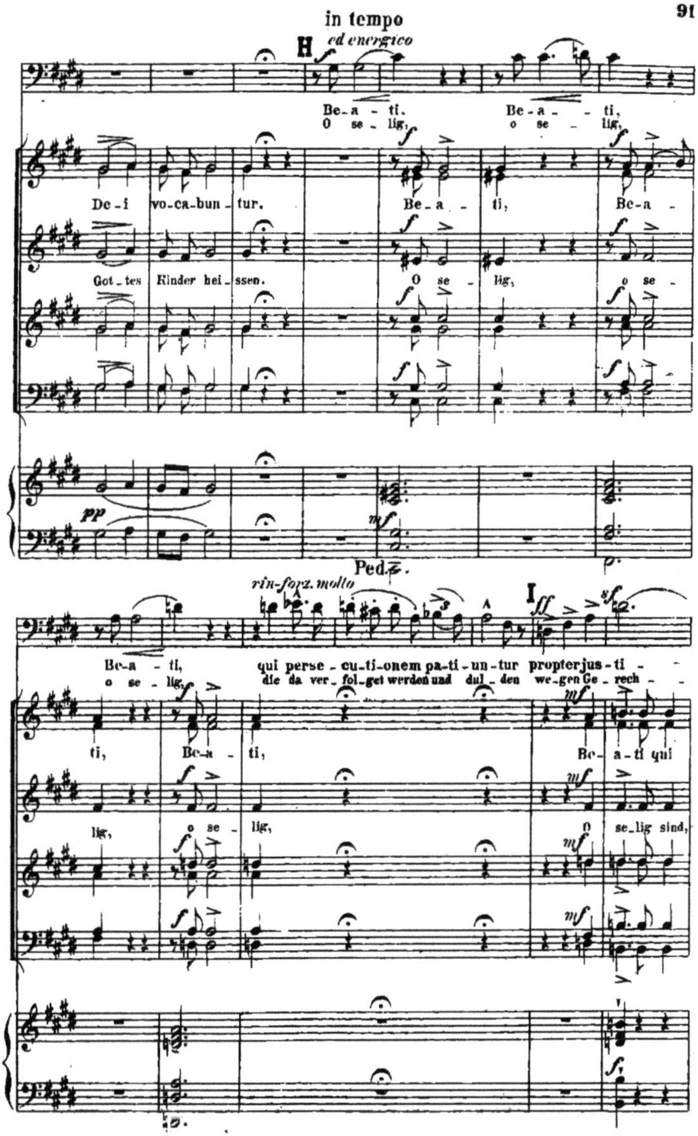
in tempo
ed energico
H
Be-a-ti. Be-a-ti,
O se-lig, o se-lig,
De-i vo-ca-bun-tur. Be-a-ti, Be-a-
Got-tes Kinder hei-ssen. O se-lig, o se-
pp
mf
Ped.
rin-forz. molto
I
ff
Be-a-ti, qui perse-cu-ti-onem pa-ti-un-tur propter jus-ti-
o se-lig, die da ver-fol-get werden und dul-den we-gen Ge-rech-
ti, Be-a-ti, Be-a-ti qui
lig, o se-lig, O se-lig sind,
mf
f

Be-a- ti, se- lig,
sotto voce

a-ti qui perse - cu-ti-o-nem pa-ti-un-tur,
sotto voce die da ver fol-get werden, die da dulden.

se-lig,
sotto voce

sotto voce

Be-a- ti, Be-a- ti,
o se- lig, o se-

Be-a-
pp

o se-
pp

pp

pp

Bereite vor: Unterw. Flöte 8'
Rohrfl. 8'
Fugara.

L a tempo   *accel.*

-ti. lig,
smorz. a tempo *p*   *cresc.*

-ti, quo-ni - am ip-so-rum est re - gnumcoe-lo - rum,
smorz. a tempo *p*   *cresc.*

lig, denn das Him-mel-reich,das Him-mel reich ist ih - re, ist
smorz. a tempo   *cresc.*

a tempo   *cresc.*
smorz.

quoni- am ip - so-rum est ip-so-rum est re - gnumcoe-lo-rum.
denn das Him - mel - reich,das Him - mel reich ist ih - re Be-loh - nung,ist
p

p   *accel.* *cresc.*

Unterw.
4933

dolce P

ip - so - rum est   re - gnum coe
das Himmel - reich   ist ih - re Be

est regnum coe - lo - rum   re - gnum coe - lo - rum
ih - re Be - loh - nung,

reich ist ih - re Be - loh - nung,   regnum coe - lo - rum   rum nung,

est regnum coe - lo - rum

est regnum coe - lo - rum

pp

Ossia
re - - - gnum coe - lo - -

lo - rum   re - gnum coe - lo
loh - nung,   ih - re Be - loh
perdendo

re - gnum coe - loh   perdendo
ih - re Be

pp   pp   perdendo

pp   pp   perdendo

4933

Flöte 8'

4933.

Pater noster.

(Vater unser.)

VII. Andante pietoso.

nos a ma - lo, li - bera, li - be - ra nos a ma - lo.
al - les Ü - bel, nimm von uns, nimm von uns al - les Ü - bel

li - be - ra nos a ma - lo.
nimm von uns al - les Ü - bel!

li - be - ra von uns
nimm

li - be - ra. li - be - ra nos a ma - lo.
nimm von uns al - les Ü - bel!

Ossia.

lo, a das ma - lo.
bel, i - bel!

li - be - ra nos a
nimm von uns al - les

Man.

1933

VIII. Die Gründung der Kirche.

bo Ecc - le - si - am me -

en mei - ne Kir -

am et por - tae in - fe - ri

- che, der Höl - le Pfor - ten

non prae - va - le - bunt non prae - va - le - - -

wer - den sie nicht ü - ber wäl - - - -

- - - bunt.

- - ti - gen.

Das Wunder.

„Et ecce motus magnus factus est in mari, ita ut navicula opcrietur fluctibus" (Matth.8.)

IX. Agitato.

4933

Männer Chor.
Tenor.

Do-mi - ne sal-va-nos pe - ri - mus Domi-

Bässe.

Hilf uns Herr, ret-te uns, wir ster - ben. Hilf uns

1933

ne sal-va nos pe - ri - mus pe - ri - mus

Herr, ret - te uns, wir ster - ben, wir ster - ben.

Christus.

Quid ti-mi-di estis mo - dicae fi - de - i

Was seid ihr so furchtsam, ihr Klein - gläu - bi - gen!

Orchester tacet.

Andante. sostenuto

p sempre legato

Trompeten

Linke Hand.

1933

Der Einzug in Jerusalem.

X. Allegro moderato.

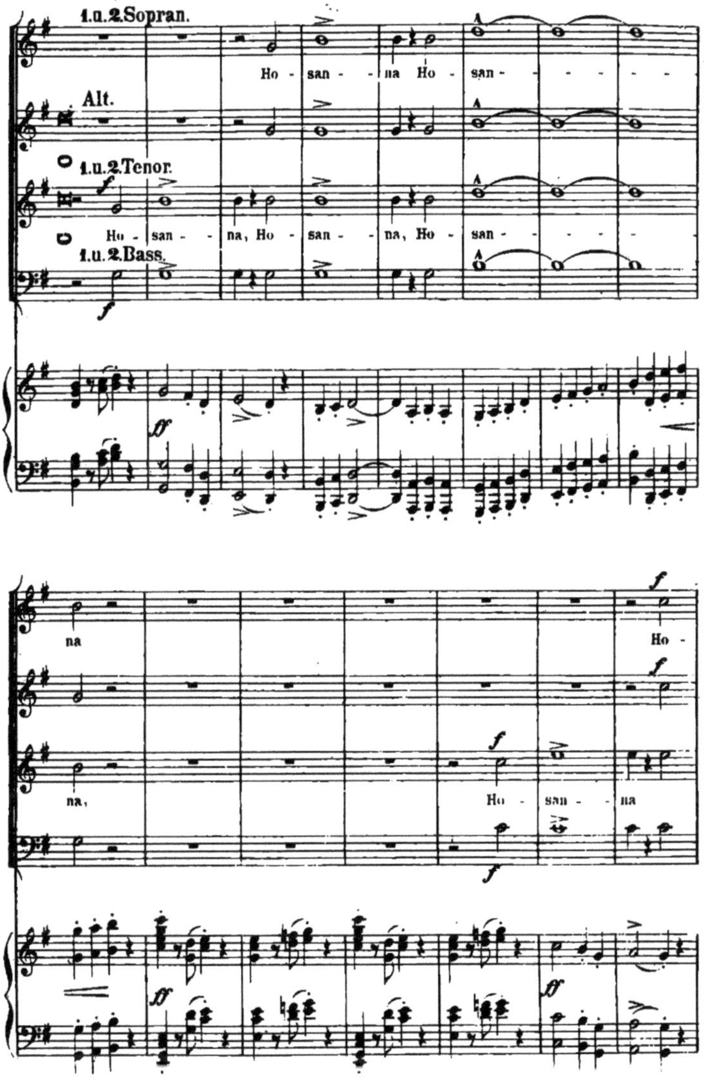
1.u.2.Sopran.
Ho - san - na Ho - san -
Alt.
1.u.2.Tenor.
Ho - san - na, Ho - san - na, Ho - san -
1.u.2.Bass.
na
Ho -
na,
Ho - san - na

no — — mi - ne Do — — mi - ni Ho - san — na qui ve -
Herrn der Welt ab gesandt Heil, Heil ihm der

nit in no — — mi - ne Do — — mi - ni Rex
het vom Herrn der Welt ab — — ge - sandt. Herr

4428

els / cl

Ho-san - na Ho-san - - - - -

- na

mezzo piano

Be-ne - di - ctus
Sei *ge seg* nel

mezzo piano

sf

Ped. ✱

4933

440

qui ve - nit rex in no mi ne Do - mi ni
der naht, ein Fürst vom Herrn der Welt ab - ge - sandt.

Ho-
san - na, Ho - san - - - - na.

1933

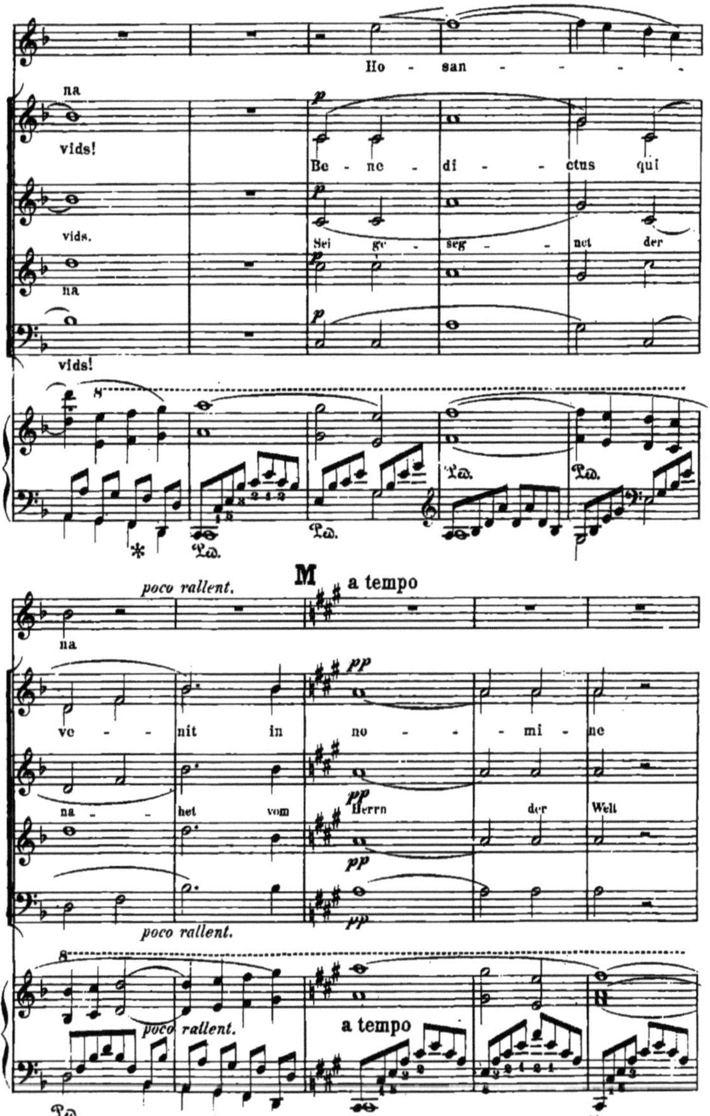
Ho - san - - - - -
na
vids!
Be - ne - di - ctus qui
vids.
Sei ge - seg - - net der
na
vids!
poco rallent.
M
a tempo
na
ve - - nit in no - - - mi - ne
na - - het vom Herrn der Welt
poco rallent.
a tempo
4933

Ho - san - - - -

Do - - - mi - ni in no - mi - der
vom Herrn ab - ge sandt,

- - - - nà.

ne Do - mi - ni.

Welt ab - ge sandt.

4933

ctus   qui   ve ‒ ‒ ‒ nit

ctus   qui   ve ‒ ‒ nit

net   der   na ‒ het.

Ped.   Ped.

Be ‒ ‒ ne ‒ di ‒ ‒ ‒ ctus qui ve nit

Be ‒ ne ‒ di ‒ ‒ ctus   qui   ve venit

Sei   ge seg ‒ net,   der   na ‒ het

un poco rinf.

Ped.   *   Ped.

4923

Mezzo Sopran Solo

158

49:3:3

mi ni   Rex

ge sandt.   Herr

Is - - - ra el   Rex   Is - - ra -

Is - - ra els,   Herr   Is - - ra -

4933

Andante (non troppo moderato.)

(♩ = ♪)(Sopr. a 2 ad libitum.)

espressivo

Bene - di-ctum quod ve - nit re-gnum pa - tris no - stri

Sei ge _ seg _ net du _ na _ he Herrschaft un _ sers Va _ ters

espressivo

Andante (non troppo moderato.)

(in 4 Viertel tactiren.)

Da - vid Bene - di-ctum quod ve-nit regnum pa - tris no - stri

Da - vid. Sei ge _ seg _ net du _ na _ he Herrschaft un _ sers Va _ ters

pa - tris no - stri

4933

Christus.

DRITTER THEIL.

Tristis est anima mea.

XI. Lento assai.

Christus.

dim.

Tri - stis est _ a - nima me-a u - sque ad mor-tem
Mei - ne See - le ist be - trübt bis _ zum To _ de.

tri - stis est _ a - ist
Mei - ne See - le ist

dolente

- ni-ma me-a u - sque ad mor-tem.
- be - trübt bis _ zum To - de.

dim. **D**

espressivo

4933

Tri - stis tri - stis est a - ni - ma me -
Mei - ne See - le ist be - trübt, Abe-

-a u - sque ad mor - tem
trübt bis - zum To - de.

Pa - ter Pa - ter si pos - si-bi-le
Va - ter, Va - ter, wenn es möglich ist,

poco rit.

est se tran - se - at a me ca - lix i - ste
las - se die - sen Kelch an mir vor - ü - ber ge - hen,

1933

4933

Stabat Mater.

XII. Molto Lento.

PIANO.

A

MEZZO SOPRAN SOLO.

Stabat Ma-ter do-lo-ro-sa   jux-ta crucem la-cry-mo-
Wei-nend aus zer-rissnem Her-zen   stand die Mut-ter vol-ler Schmer-

B

sa   dum pen-de-bat Fi-li-us
zen,   als ihr Sohn am Kreu-ze hing.   *dolente*

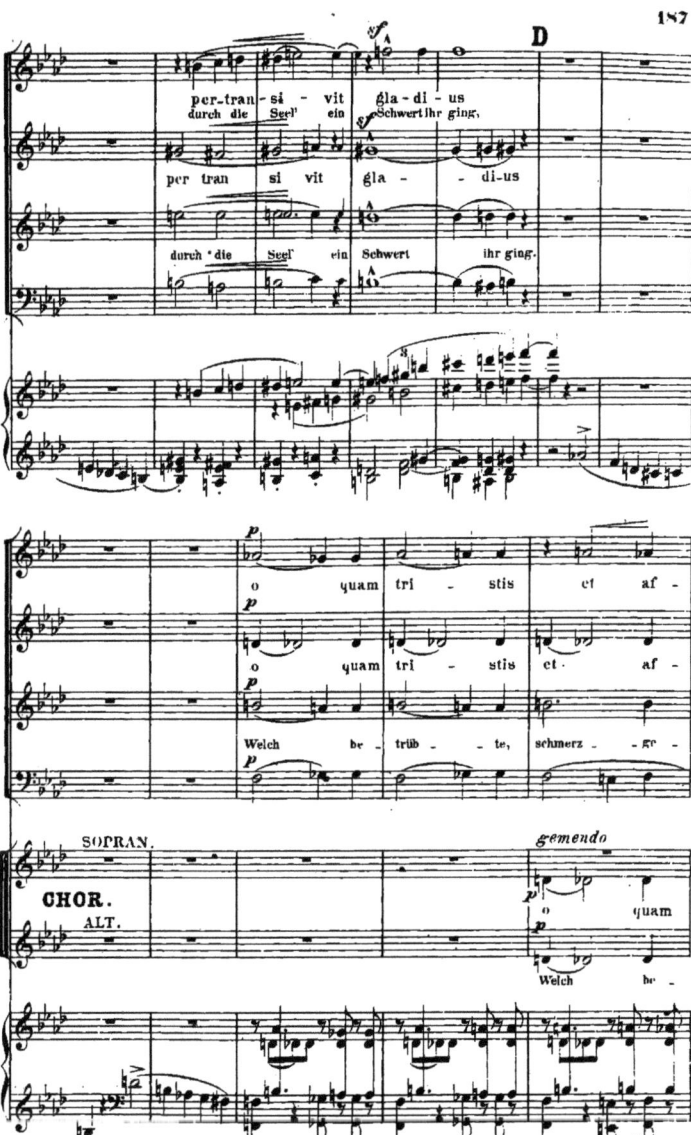

ter   ma   ter   ma   ter   U - ni -

ter,   Mut   ter   durch   den   Ein - ge..

ma   ter   U - ni -

ma   ter   ma   ter   U - ni -

Mut   ter   durch   den   Ein - ge..
ter

ma   ter

U - ni -

crescendo   *rinf.*

le - bat ma - - - - - ter pi - a als die
Mut -

drück - te pi - a die
als

ma - ter -
Mut -

ma - ter pi - a
Mut - ter als die

quæ mœ - re - bat et do - le - bat pi - a

Die von Seuf - zern schwer be - drück - te als die

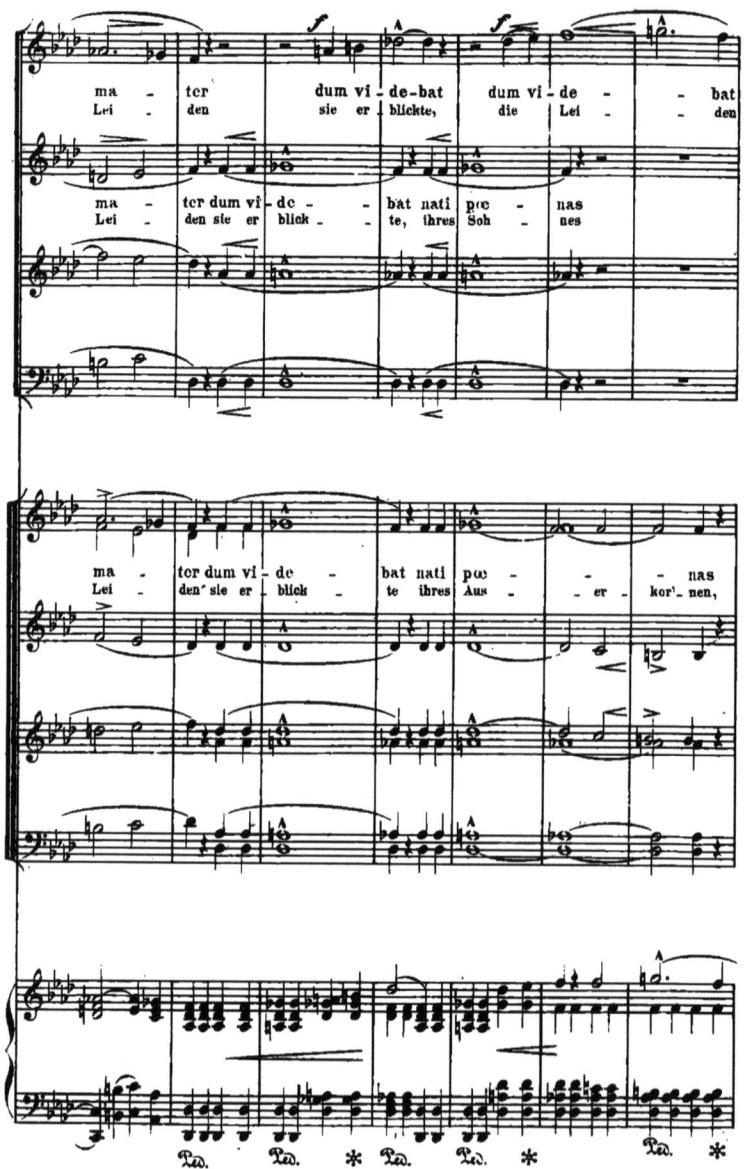

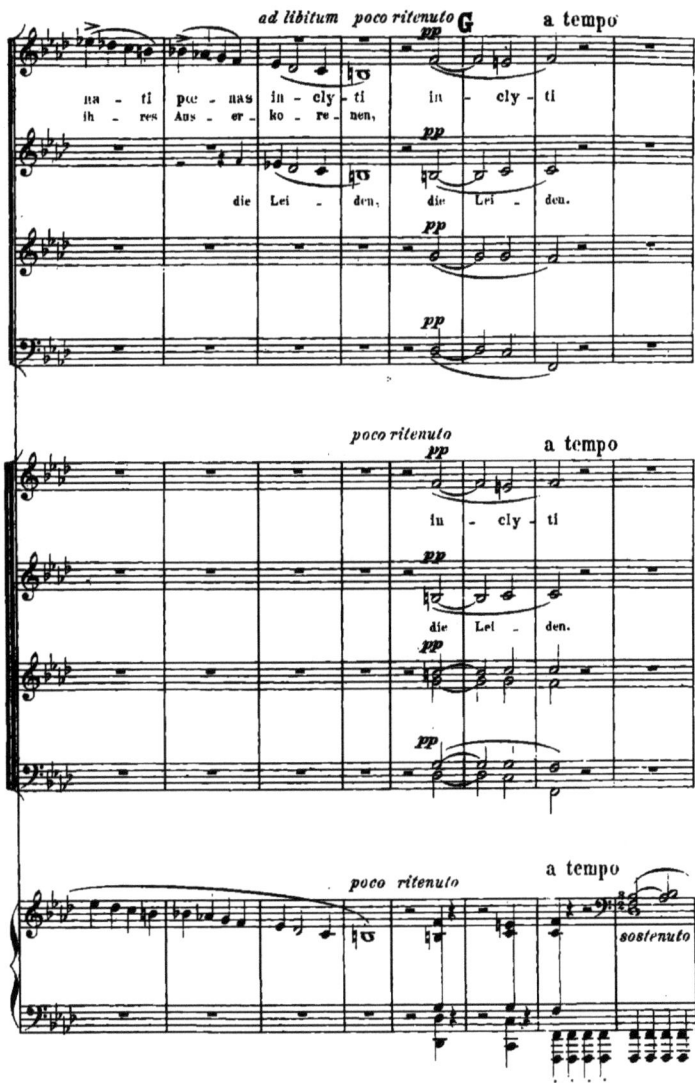

na - ti poe - nas in - cly - ti, in - cly - ti

ih - res Aus - er - ko - re - nen,

die Lei - den, die Lei - den.

in - cly - ti

die Lei - den.

vi-dit Je- -sum in tor- men- -tis
sieht sie Qua- -len ihn er- dul- -den,

vi-dit Je- -sum in tor- men- -tis
sieht sie Qua- -len ihn er- dul- den,

sempre legato

Pro pec-ca- tis su- ae gen- tis
Ach für sei- nes Vol- kes Schul- den

vidit
sieht sie

ca- tis su- ae gen- tis
sei- nes Vol- kes Schul- den

- -tis su- ae
vi-dit Je-
sieht sie Qua-

et fla - gel - - lis sub - di tum
den die Gei - - ssel nicht ver-mied,

et fla - gel - - lis sub - di tum
den die Gei - - ssel nicht ver-mied,

cresc.

vi-dit Je - sum in tor - men - tis et fla - gel -
sieht sie Qua - len ihn er - dul - den, den die Gei -

Je - - sum in tor - men - tis
Qua - - len ihn er - dul - den,

cresc.

et fla -
den die

cresc.

sum in tor - men - tis
- - - - len ihn er - dul - den

cresc. - - - - - - - f

Ped. ＊ Ped.

4033

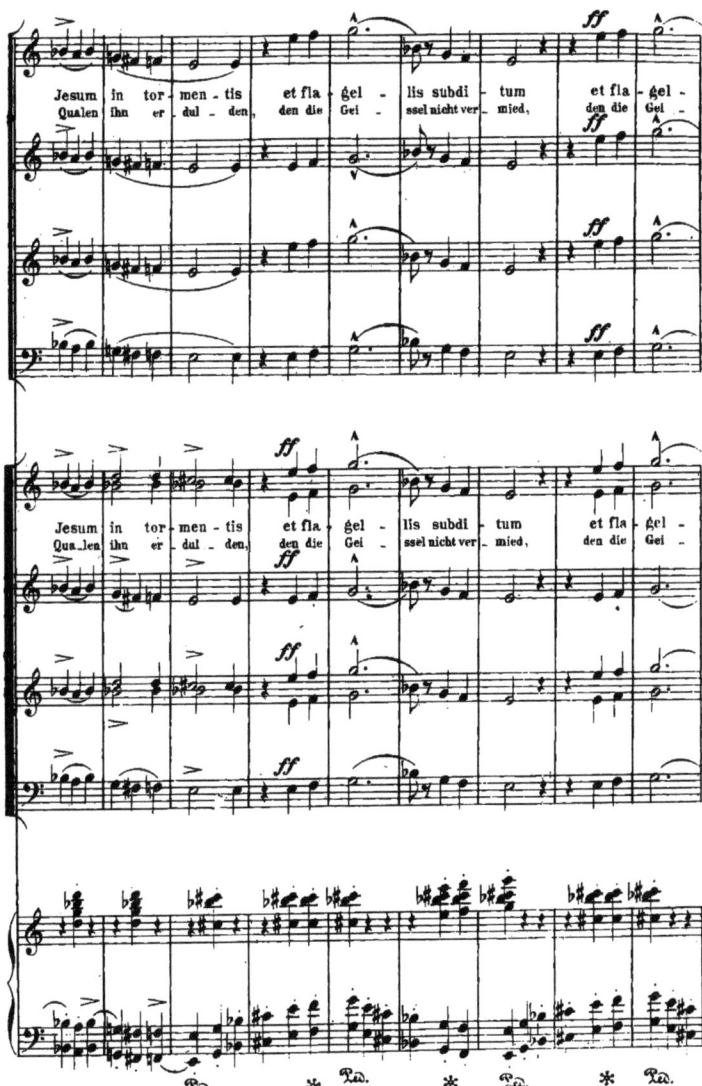

Jesum in tor - men - tis et fla - gel - lis subdi - tum et fla - gel -
Qualen ihn er - dul - den, den die Gei - ssel nicht ver - mied, den die Gei -

Jesum in tor - men - tis et fla - gel - lis subdi - tum et fla - gel -
Qua - len ihn er - dul - den, den die Gei - ssel nicht ver - mied, den die Gei -

Ped. * Ped. * Ped. * Ped.

4923

4933

- -tum, mo - ri - en - do de - - so - la - tum,
- -hen, son - der Trost ihn ster - - ben se - hen,

- -tum mo - ri - en - do de - - so - la - tum,
- -hen, son - der Trost ihn ster - - ben se - hen,

4933

dum e mi - sit   spi - ri - tum.

als die See - le   ihm ent - flieht.

dum e mi - sit   spi - ri - tum.

als die See - le   ihm ent - flieht.

Lento. *espressivo*

dolce

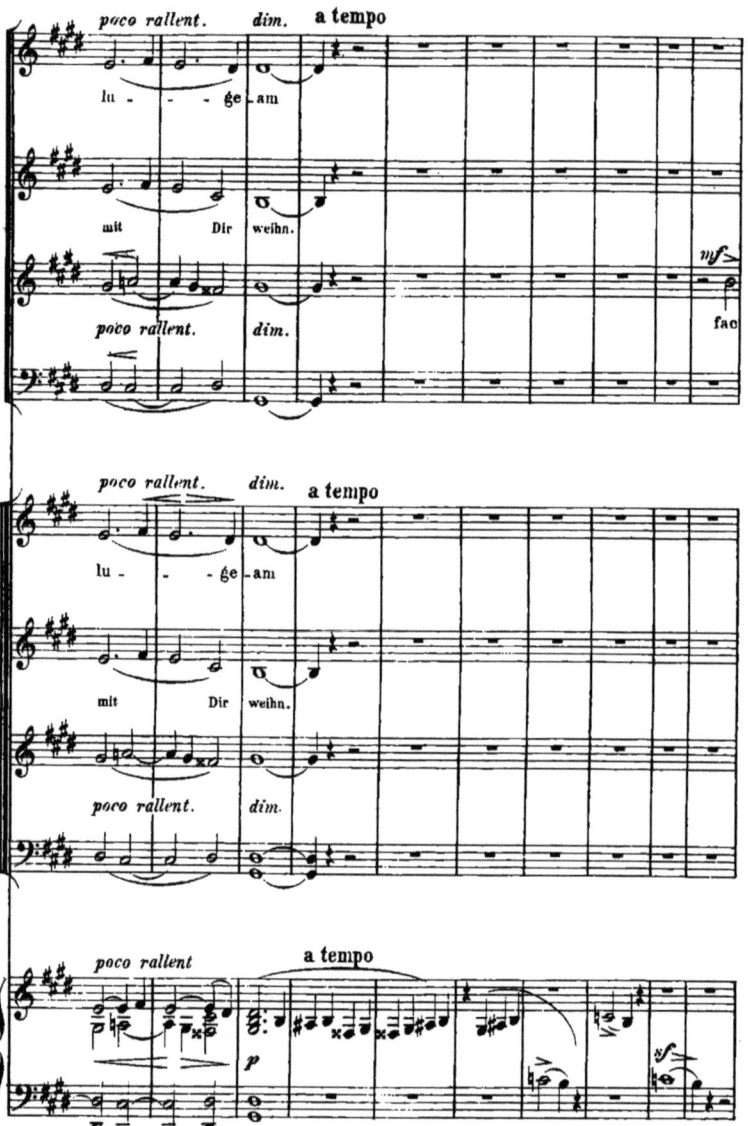

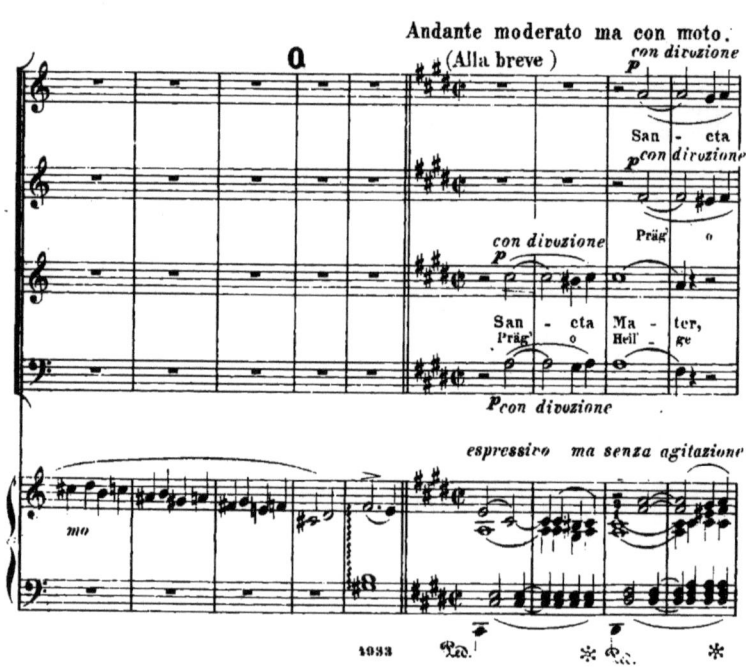

4933

fi - xi fi - ge pla - gas cor un -
Kreu - ze er ge fun - den

fi - xi fi - ge pla - gas cor-di
Kreu - ze er ge fun - den un - ver

cor-di
un - ver

4933

juxta crucem te cum sta re et me
Bei dem Kreuze zu ver wei len und mit

CHOR.

simile

ti bi so ci a re in plan ctu de si de ro in
Dir den Schmerz zu thei len; Sol ches fleh' ich tief be wegt,

Sopran Solo.

Virgo vir - gi - num prae - cla - ra,   mi - hi
Jungfrau hei - li - ge   ver - weh - re   mir die

jam non sis a - ma - ra,   fac me te - cum   plan - gere,
Bit - te   nicht die schwe - re: Dei - ne Kla - ge   sei auch mein,

fac me te - - cum   plange - re.
Dei - ne Kla - ge   sei auch mein.

4933

accelerando il Tempo fin al ¾

cru — — ce, in — — e — bri — a —
Kreu — ze, lass' mich be — rau —

sempre accelerando poco a poco

cresc.

ri — et al — — cru — — o — — re
schen, al — — so lieb' ich

cresc.

al — — so lieb' ich

cresc.

sempre accelerando e crescendo poco a poco

4933

Aa

Fi - - - - - - li - - i
Dei - - - - nen - - Sohn,

Dei - - - nen - - Sohn,

Dei - - nen

Dei nen Sohn,

Più accelerando

fac me pla - gis vul - ne - ra - ri fac me cru - ce in -
lass mich sei - ne Wun - den tau - schen, mich an die - sem

CHOR.

Più accelerando

4933

di — — e ju — di — — ci — i

schal — let des Ge — rich — — tes Ton,

ƒƒƒ

Ped. Ped. Ped. Ped. Ped.

Listesso tempo.

in di — e ju — di — — ci — i

er schal — let des Ge — rich — — tes Ton.

*

Ped.

4933

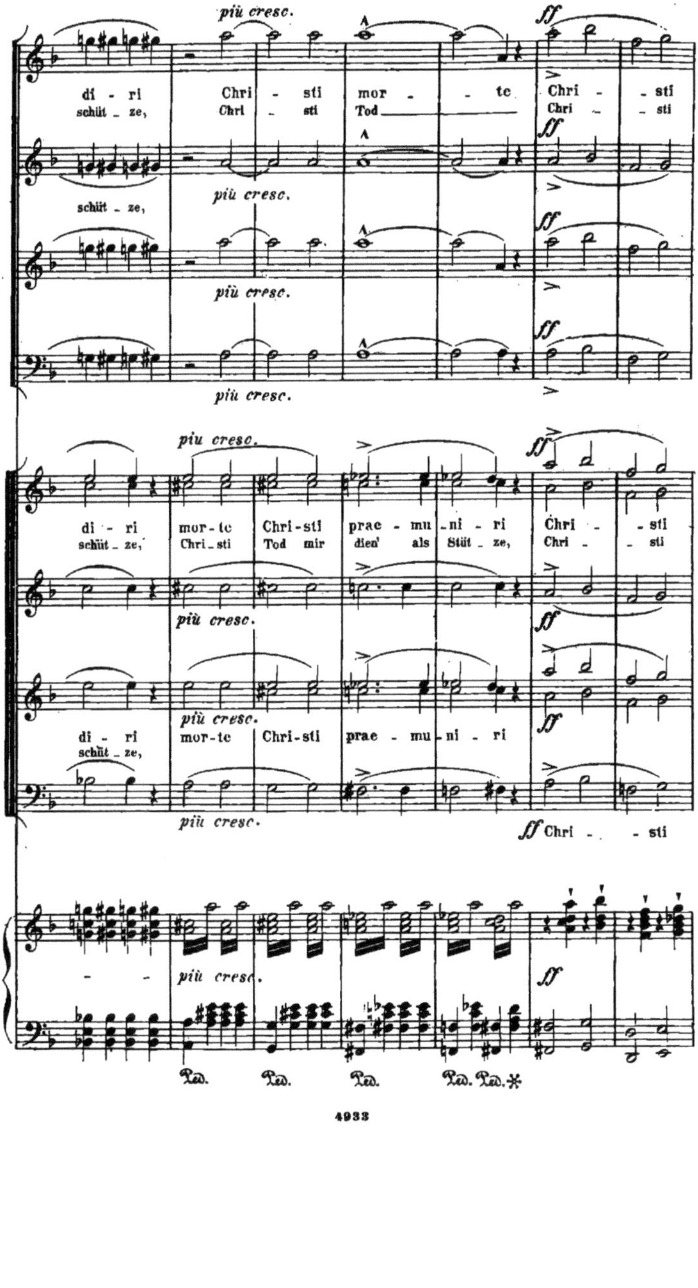
più cresc.
ff
di - ri Chri - sti mor - te Chri - sti
schüt - ze, Chri - sti Tod Chri - sti
più cresc.
schüt - ze,
più cresc.
più cresc.
più cresc.
di - ri mor - te Chri - sti prae - mu - ni - ri Chri - sti
schüt - ze, Chri - sti Tod mir dien' als Stüt - ze, Chri - sti
più cresc.
più cresc.
di - ri mor - te Chri - sti prae - mu - ni - ri
schüt - ze,
più cresc.
ff Chri - sti
più cresc.
Ped. Ped. Ped. Ped. Ped. *

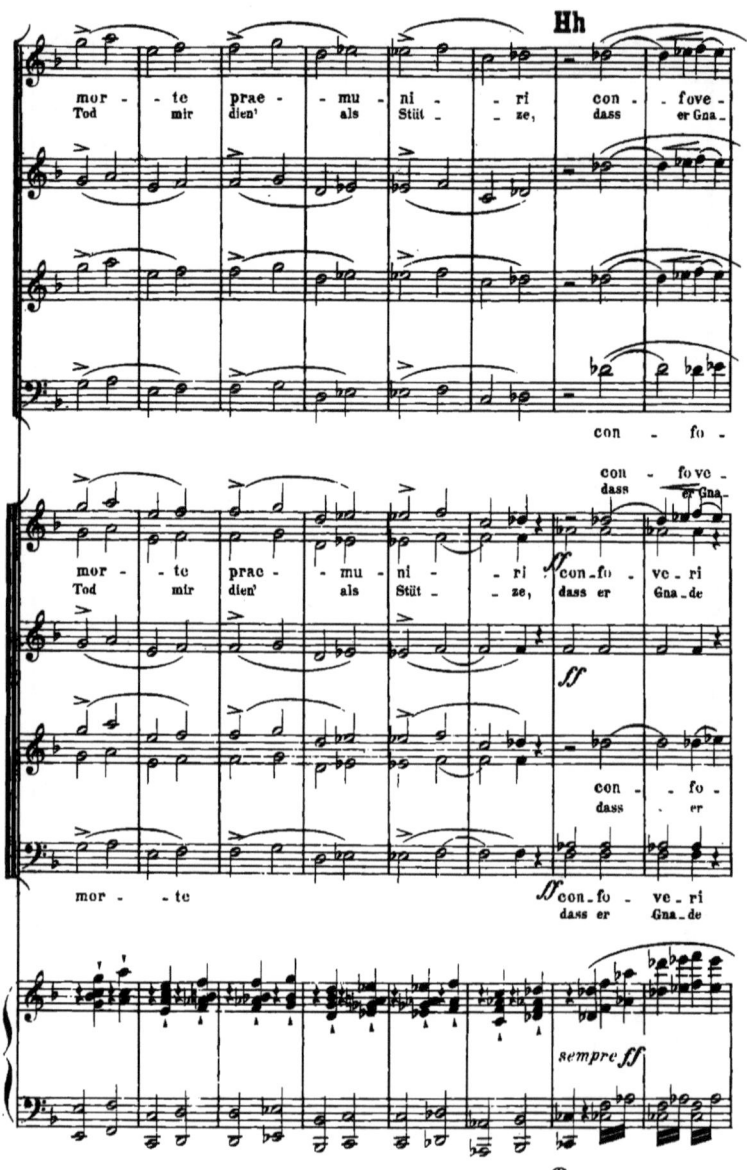

ff marcatissimo

poco rall.
dim.

4933

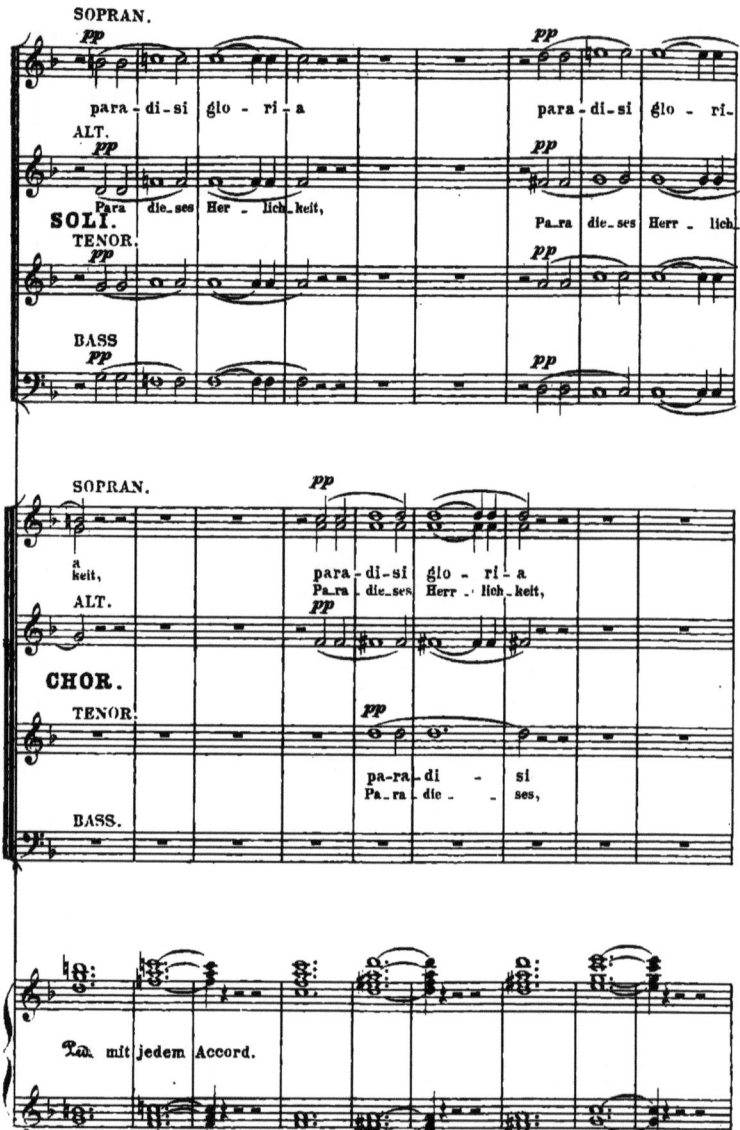

4933

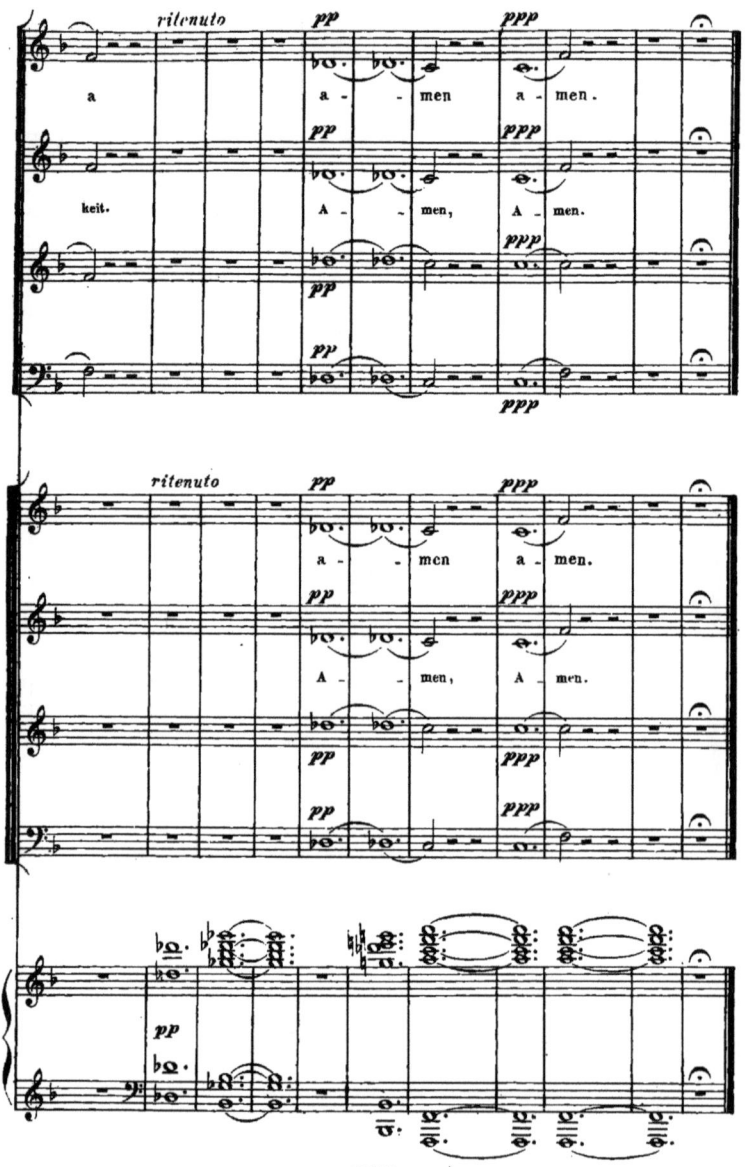

a

a - - men a - men.

keit.

A - - men, A - men.

a - - men a - men.

A - - men, A - men.

4933

O Filii et Filiae.

Oster-Hymne.

a tempo

Et Ma-ri-a Mag-da-le-na et Ja-co-bi et Sa-lo-me ve-ne-runt cor-pus

Die Frauen kamen bald her-bei, Ma-ri-a und die an-dern zwei zu sal-ben ihn mit

un-ge-re Al-le-lu-ja Al-le-lu-ja Al-le-lu-ja Al-le-lu-ja A Magda-

Spece-rei. Die Jünger

le-na mo-ni-ti ad os-ti-um mo-nu-men-ti du-o cur-runt dis-ci-pu-

auch am frü-hen Tag sahn bei der Stät-te su-chend nach, wo Je-sus Christ be-gra-ben

sempre p

li Al-le-lu-ja Al-le-lu-ja Al-le-lu-ja Al-le-lu-ja

lag. *Segue*

smorz.

Resurrexit.

XIV. Allegro mosso (Alla Breve.)

re-sur - re - xit ter - ti-a di - e

Auf_er - stan - - den am dritten Ta - ge!

re - sur - re - xit re-sur - re - xit

Auf_er - - stan - den, auf_er - stan - den,

4933

Tempo I. Allegro animato (Alla Breve.)

4933

4933

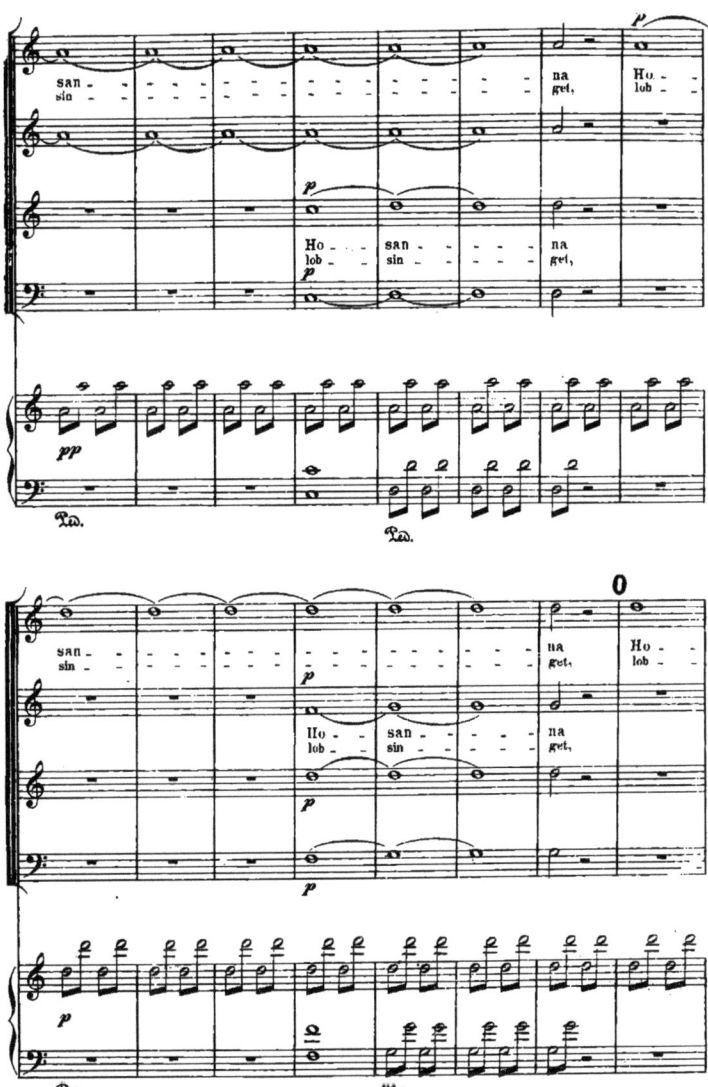

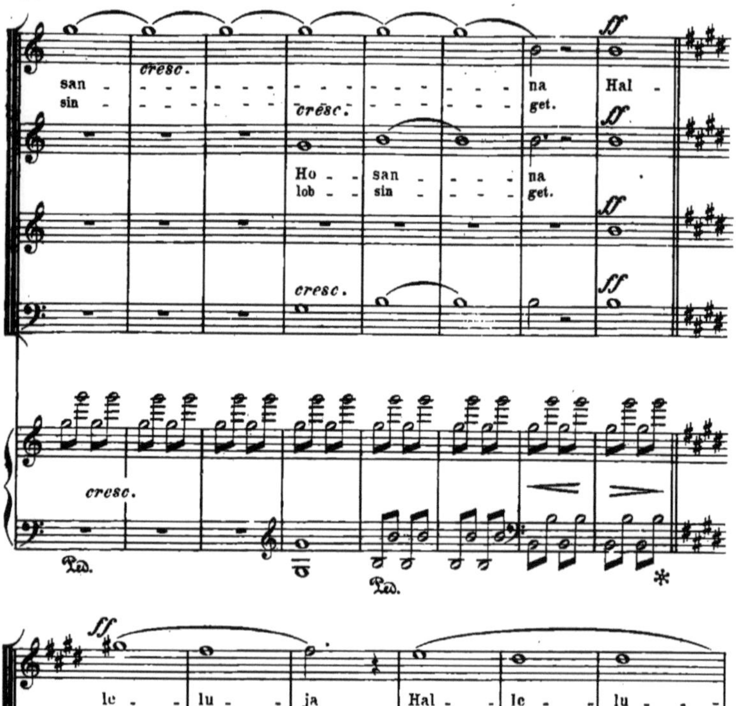
ff
cresc.
san - na Hal -
sin - get.
Ho - san - na
lob - sin - get.
cresc.
le - lu - ja Hal - le - lu -

ja   Hal - le -   lu -   ja   Hal -   le -

lu -   -   ja   Ho - san - -   -   -   -   -   -
            Lob - sin - -   -   -   -   -   -

Ho - san - -   na Ho - san - -   na
Lob - sin - get, lob - sin - get

ff sempre

Pedal mit jedem Takt.